L'INTERVENTION
A
NAPLES

LE RÈGNE DE FERDINAND II

PAR

ALFRED FRANKLIN

PARIS

ALPHONSE TARIDE, ÉDITEUR

2, RUE MARENGO

—

1856

L'auteur et l'éditeur se réservent le droit de traduction et de reproduction à l'étranger.

Il y a quelques mois, le congrès de Paris était, sur la généreuse initiative du comte Walewski, appelé à s'occuper de la situation anormale faite aux divers États italiens. *Ce serait,* disait-il, *rendre un service signalé au gouvernement des Deux-Siciles, aussi bien qu'à la cause de l'ordre dans la péninsule italique, que d'éclairer ce gouvernement sur la fausse voie dans laquelle il s'est engagé.*

Lord Clarendon se prononça dans le même sens. Quoique reconnaissant *en principe qu'aucun gouvernement n'a le droit d'intervenir dans les affaires intérieures des autres États, il croit qu'il est des cas où l'exception à cette règle devient un* DROIT *et un* DEVOIR. *Le gouvernement napolitain lui semble avoir conféré ce droit et imposé ce devoir à l'Europe.*

Quant aux causes qui motivaient ce blâme sévère infligé solennellement au roi de Naples par les représentants de l'Europe civilisée, lord Clarendon déclarait vouloir *imiter l'exemple que lui avait donné le comte Walewski, en passant sous silence des actes qui avaient eu un si fâcheux retentissement.*

Le retentissement a été grand sans doute, et il était fort inutile de rappeler des faits que les diplomates présents au Congrès ne pouvaient ignorer.

Il n'en est pas de même du public. Et si depuis cinq mois les discussions de la presse lui ont ouvert les yeux sur les révoltants abus introduits dans le régime intérieur des Deux-Siciles, il connaît peu les événements qui ont amené cette cruelle réaction. Le soulèvement des Deux-Siciles s'est accompli à une époque féconde en insurrections populaires, et l'attention, captivée par les événements dont la France était alors le théâtre, n'a pu recueillir à ce sujet que des notions très vagues.

Mais le temps nous manquait pour écrire une *histoire*. Nous ne l'avons pas entrepris. Nous avons voulu seulement donner en quelque sorte les *considérants* de l'arrêt prononcé par le

Congrès de Paris. Exactitude et clarté, voilà donc tout ce qu'on peut exiger de notre récit.

Les ministres et amiraux étrangers qui, pendant les événements de 1848, se trouvèrent en rapport avec Ferdinand et eurent à qualifier sa conduite, ne purent toujours retenir leur indignation : elle parla souvent plus haut que leurs instructions politiques et influa même sur la conduite des cabinets. Nous aussi, malgré notre désir de rester neutre dans le débat, si énergiquement qualifié d'ailleurs par le Congrès, nous avons été forcé parfois de nous montrer sévère. Tant pis, vraiment, pour celui qui réussirait à raconter de pareilles luttes avec la froide indifférence que l'antiquité imposait aux vrais sages!

La nation seule a le droit de désigner celui à qui elle entend confier le pouvoir de la diriger. Vérité bien élémentaire, mais qu'on a su si savamment obscurcir, que sept siècles durant, elle a été regardée en France comme une brillante utopie. Or, autant est respectable toute autorité ainsi légalement constituée; autant l'on se sent dégagé de tout scrupule quand il s'agit d'un roi qui, foulant aux pieds la volonté nationale, n'est roi que par la force et le mensonge.

Ceci ne veut pourtant pas dire que nous approuvions la haineuse polémique engagée au sujet de Naples par les journaux anglais. Les injures ne font que gâter les meilleures causes, en rendant à bon droit suspects leurs défenseurs.

Il s'agissait d'ailleurs pour nous d'éclaircir la question, et non de la résoudre. L'histoire de ces dernières années a été si étrangement défigurée par les écrivains qui s'en sont occupés, que pour commander la conviction, il fallait s'entourer d'autorités incontestables.

Nous avons, sans hésitation, sacrifié souvent à cette nécessité la suite et la liaison du récit. Chaque événement s'appuie sur une pièce officielle dont l'authenticité ne peut être mise en doute.

COUP D'OEIL

SUR

L'HISTOIRE POLITIQUE DES DEUX-SICILES

JUSQU'EN 1848

———⋙◦◦◦⋘———

Quelques colons étant venus s'établir autour de Parthénope, formèrent une nouvelle ville, *Neapolis*, qui après de grands accroissements engloba l'ancienne et lui donna son nom.

Prise d'abord par les Romains, puis par les Goths lors de la dissolution de l'empire d'Occident, elle fut bientôt reprise par Narsès, et avec toute l'Italie soumise à l'Empire.

Quant à la Sicile, longtemps rivale de Rome, elle ne lui fut point asservie, mais incorporée à titre d'alliée.

Du neuvième au onzième siècle, le duché de Naples est une république presque souveraine. Les magistrats sont élus par le libre suffrage des citoyens dans une assemblée annuelle; le peuple pourvoit aux dépenses par des taxes qu'il s'impose lui-même.

Les Napolitains, trahis par le pape Innocent III, sont, au treizième siècle, forcés de se soumettre à Roger II, qui réunit ainsi sous sa domination presque tout le territoire dont se compose actuellement le royaume des Deux-Siciles.

Roger confirme d'ailleurs tous les priviléges des habitants. Ce malheureux peuple, courbé au dix-neuvième siècle sous le plus dur esclavage, avait alors des libertés politiques que plus d'une nation européenne serait aujourd'hui fière de posséder. Sa constitution renfermait déjà les trois principes fondamentaux du gouvernement représentatif : l'élection populaire, la responsabilité des ministres, la convocation annuelle du corps législatif.

Plus tard, le royaume passe à Charles d'Anjou, frère de saint Louis.

La maison d'Anjou se soutint longtemps sur le trône. Mais à la suite des *Vêpres siciliennes*, la Sicile est prise par Pierre III d'Aragon ; et Charles II ayant épousé une princesse de Hongrie, les troubles qui s'élèvent à sa mort livrent momentanément le royaume de Naples à quelques monarques hongrois.

Enfin, en 1443, Alphonse d'Aragon, déjà roi de Sicile, s'empare de Naples, chasse René d'Anjou, et réunit de nouveau les deux États.

Mais la maison d'Anjou n'a pas abandonné ses droits. Charles VIII se rend maître du pays, et le perd dans la même année. Louis XII le reprend en 1500 ; il est presque aussitôt forcé de se retirer, et, par le traité de Blois, il renonce, en faveur de l'Espagne, à toute prétention sur le royaume de Naples.

Cependant les troupes napolitaines ayant soutenu Charles-Quint dans sa lutte contre François Ier, celui-ci envoie en Italie Lautrec qui meurt vaincu devant Naples, et François Ier cède encore ses droits à l'Espagne.

Charles-Quint accorde de nombreux priviléges aux Napolitains. Tout en couvrant les nobles de titres qui les obligent à déployer un grand luxe, il accroît l'importance de la bourgeoisie. Elle peut parvenir aux fonctions les plus élevées. On choisit dans ses rangs des magistrats dont les nobles eux-mêmes ne peuvent décliner la compétence ; donc, égalité parfaite devant la loi. Le clergé perd alors beaucoup de son influence, et ce peuple, dominé par l'Espagne et placé aux portes de Rome, empêche, par sa généreuse énergie, l'inquisition de s'établir à Naples.

La domination espagnole ne resta pas toujours aussi douce. En 1647, les Napolitains, traités avec la dernière rigueur, se soulèvent. Sous la conduite de Thomas Aniello, jeune pêcheur d'Amalfi, ils chassent le duc d'Arcos, vice-roi pour l'Espagne, et exigent le rétablissement des priviléges que Charles-Quint leur avait garantis. On accorde tout à l'insurrection victorieuse ; l'ordre renaît, et aussitôt les engagements pris sont annulés. Deux fois la révolte s'apaise devant des promesses menteuses deux fois violées par le vice-roi. Les Napolitains s'adressent alors au duc de Guise, descendant du roi René par les femmes. Il accourt, entretient l'enthousiasme et cherche à organiser la liberté. Mais la France ne le soutient pas ; un traître le livre à l'ennemi, et Naples retombe sous le joug de l'Espagne.

Le traité d'Utrecht sépare les deux États : il donne la Sicile à Victor-Amédée, duc de Savoie; et Naples à l'Autriche, avec la Sardaigne. Victor-Amédée échange bientôt la Sicile contre la Sardaigne; et le territoire actuel des Deux-Siciles reste aux Autrichiens.

Ils le gardent peu de temps ; car en 1734 l'infant don Carlos s'en empare ; et la paix de Vienne légitime cette usurpation.

Ferdinand IV, fils de Don Carlos, monte sur le trône en 1759. Élevé par les Jésuites, dominé par une princesse autrichienne, l'odieuse Caroline, sa femme, — il fut bientôt détesté, et quand la révolution française vint à menacer tous les trônes de l'Europe, elle trouva celui de Ferdinand déjà violemment ébranlé.

Ce prince signe en 1792, avec la France, un traité de neutralité qu'il rompt un mois après : les victoires de Bonaparte le forcent alors à acheter une paix humiliante. En 1798, il se tourne encore contre la France : le général Championnet entre à Naples, proclame la république Parthénopéenne, et chasse le roi qui va se réfugier en Sicile. Mais aussitôt que les troupes françaises se sont retirées, Ferdinand revient et fait payer cher aux Napolitains leur indépendance éphémère [1]. Il se déclare de nouveau contre la France, et doit après la bataille de Marengo implorer humblement la paix. Une nouvelle coalition se forme, Ferdinand en fait encore partie. Cette fois, Napoléon irrité déclare que les Bourbons ont cessé de régner à Naples : Ferdinand se sauve en Sicile et Joseph

---

[1] Sur les horreurs commises à cette époque, voyez le *Moniteur*, an VIII, pages 93, 228, 242, 249, 314, 315, 371, 398, 573, 661, 1276, 1247 et 1287.

Bonaparte prend possession du royaume. Deux ans après il est appelé au trône d'Espagne et remplacé à Naples par J. Murat. Celui-ci, vaincu après Waterloo, doit fuir devant les Anglais qui ramènent Ferdinand IV.

Le séjour forcé du roi en Sicile demande quelques développements.

On croirait qu'il va ménager ce peuple, dernier soutien de son trône brisé : point. Les Napolitains occupent bientôt toutes les places.

Ferdinand n'avait pas quitté Naples en roi fugitif, il s'était sauvé en emportant tout l'argent déposé à la banque [1]. Arrivé en Sicile, il continua ce rôle. Il épuisa d'abord le peuple d'impôts; quand cette source fut tarie, il fit main basse sur les biens du mont-de-piété, patrimoine des pauvres.

Les choses allèrent si loin, que l'Angleterre dut intervenir. Les Siciliens exaspérés parlaient déjà de se réunir à Naples, de se donner à Napoléon.

Lord Bentinck arriva, muni de pleins pouvoirs, et engagea le roi à calmer la juste colère de son peuple en accordant une constitution. Prières, remontrances, menaces, tout fut inutile.

Ferdinand, par son ineptie, avait travaillé au profit de l'Angleterre qui cherchait à se concilier les Siciliens, et espérait bien que son rôle actuel de *protectrice* ne serait point oublié par eux.

Lord Bentinck se serait donc facilement consolé de ne rien obtenir, mais il était l'objet des railleries de la cour; l'insensé Ferdinand donnait l'exemple. L'ambassadeur ne songea plus qu'à se venger, et comme l'intérêt de sa vengeance s'alliait fort bien à l'intérêt de l'Angleterre, les choses allèrent vite.

Il se rendit chez le prince héritier et lui parla ainsi : « *J'ai, par toutes sortes de voies, vainement essayé de faire entendre raison au roi et à la reine. Aux grands maux, les grands remèdes. Je pars et vais me mettre à la tête de mes troupes; je marcherai sur la ville et j'embarquerai votre père et votre mère pour Lon-*

---

[1] Voyez le *Moniteur*, an VIII, page 236.

dres. Quant à vous, vous régnerez si vous voulez faire droit à mes demandes et garder l'alliance de la Grande-Bretagne, sinon il y aura aussi un navire pour vous. »

Ferdinand vit que c'en était fait de la monarchie absolue, la seule qu'il comprît; il nomma son fils vicaire-général du royaume, et se retira. La reine aussi partit après qu'on eut payé ses dettes et racheté ses bijoux qui étaient en gage.

« Sire, dit aussitôt lord Bentinck au prince, il n'y a pas de milieu : constitution ou révolution. »

Le roi autorisa tout, et le 9 novembre 1812, une constitution, calquée sur la vieille constitution sicilienne, fut proclamée. Elle reconnaissait l'indépendance de la Sicile vis-à-vis de toute puissance étrangère.

Quoique réunie au royaume de Naples, la Sicile avait toujours eu une administration particulière. Aucune dignité ne pouvait être conférée à d'autres qu'à des Siciliens. Exempte de la conscription et de plusieurs impôts, elle avait une monnaie à elle et un drapeau différent du drapeau napolitain. Enfin, bien que le roi régnant gouvernât sous le nom de roi des Deux-Siciles, il était toujours nommé Ferdinand III dans les chartes siciliennes et Ferdinand IV à Naples.

Remonté sur son trône, Ferdinand, voyant l'absolutisme triompher en Europe, et espérant être soutenu, n'eut plus qu'un but : se dégager des liens qui l'attachaient à la constitution sicilienne. Son serment d'ailleurs ne l'embarrassait guère.

Le 15 mai 1816, un décret enlève à la Sicile son antique et glorieux pavillon, et le droit de battre monnaie. Le 16 août, le roi ordonne la perception des impôts sans consulter le parlement.

Paraissent enfin les fameux décrets des 8 et 12 décembre. Le roi, se basant sur un pléonasme, anéantit toutes les libertés siciliennes et prend le titre de Ferdinand I, *roi du royaume des Deux-Siciles.*

Ici la politique tombe dans le ridicule. On rirait vraiment s'il ne s'agissait du sort d'un grand peuple, si l'on n'était honteux pour toute monarchie de voir un roi descendre si bas.

Ferdinand qui — comme tous ses prédécesseurs — n'avait jamais eu que le titre de *roi des Deux-Siciles*, prétendit avoir été désigné dans un des articles du congrès de Vienne (l'article 104) sous le titre de *roi du royaume des Deux-Siciles*[1]. Selon lui, le congrès entendait donc que les deux États de Naples et de Sicile n'en formassent plus qu'un, régi par des institutions communes.

Le roi trouvait encore ce moyen fort ingénieux pour se débarrasser de la constitution. Elle a été jurée, disait-il, par Ferdinand III, mais Ferdinand I n'a rien juré du tout.

L'Europe laissa faire. L'Angleterre suivit sa politique habituelle : elle avait promis de garantir la constitution sicilienne, et tint parole tant qu'elle espéra en tirer profit. En 1816, le congrès de Vienne, encore trop récent, lui enlevait tout espoir; la Sicile fut abandonnée.

Au dedans toutes les précautions étaient prises, le peuple ne put bouger.

Mais en 1820, Naples se soulève, indignée de l'influence que Ferdinand laisse prendre à l'Autriche. Le général Pepe est à la tête de l'armée révolutionnaire. Le roi vaincu jure de nouveau la constitution de 1812. Le peuple, connaissant la valeur de ses serments[2], ne cède pas, et la république va être proclamée quand l'Autriche, appelée par le roi, écrase l'insurrection et remet une cinquième fois Ferdinand sur son trône[3].

Il meurt enfin en 1825, après avoir, pour derniers bienfaits, rappelé les jésuites, ses dignes conseillers, et rétabli les couvents.

---

[1] Cet article est ainsi conçu : « S. M. le roi Ferdinand IV est rétabli, tant pour lui que pour ses héritiers et successeurs, sur le trône de Naples, et reconnu par les puissances comme roi du royaume des Deux-Siciles. »

[2] Ferdinand avait si peu l'intention de tenir celui-là que, dès les premiers jours de l'insurrection, il répondait en souriant à la foule : « Oui, mes enfants, je vous donnerai une constitution, je vous en donnerai même deux si vous voulez. »

[3] Sur cette intervention autrichienne, voyez page 26.

François, son successeur, se fit peu remarquer. Ennemi de toute idée progressive, il continua la tâche de son père, et étouffa dans le sang toutes les tendances libérales de ses sujets. Son règne fut celui de la délation : les lieux publics, les salons, et même l'intérieur des familles étaient infestés d'espions.

Ferdinand II, né le 12 janvier 1810, monta sur le trône le 8 novembre 1830. Il enleva aux Siciliens les derniers vestiges de liberté que ses prédécesseurs leur avaient laissés. L'espionnage fut encore le seul titre à la fortune.

Quelques troubles ayant éclaté en Sicile à l'époque du choléra, Ferdinand envoya le fameux del Caretto pour pacifier l'île. Il la couvrit de sang; les vallées de Syracuse et de Catane frémissent encore au souvenir de ce bourreau.

Le règne de Ferdinand fut une longue suite d'insurrections partielles toujours réprimées. Mais l'agitation qui grondait sourdement se manifesta par des actes sérieux vers les derniers mois de 1847. Ce sont les événements que nous allons raconter.

Pour comprendre d'ailleurs combien cette nouvelle insurrection fut légitime, deux mots suffisent.

Naples florissante déjà sous l'empire romain, Naples rattachée par ses souvenirs, son passé, sa position géographique aux nations les plus civilisées de la terre, Naples trompée, muselée, massacrée par les troupes suisses et autrichiennes de ses Bourbons, se vit bientôt réduite, sous ces autocrates d'un autre âge, à un esclavage plus dur, plus humiliant que celui des provinces russes, où du moins la lumière n'a jamais pénétré.

Quant à la Sicile, les despotes napolitains lui ont enlevé une constitution vieille de huit siècles, jurée par trente-quatre rois. Ferdinand de Bourbon venant au dix-neuvième siècle renverser des institutions libérales que Charles-Quint avait respectées, ô dérision! Grâce aux baïonnettes autrichiennes ce miracle s'opéra pourtant. Et les Siciliens après avoir joui de tous les droits d'une nation libre pendant huit cents ans, et à une époque où de tels droits n'existaient nulle part, étaient esclaves sous un Bourbon pendant que l'Europe, sortie d'enfance, proclamait enfin la liberté.

I

Les derniers mois de 1847 virent fermenter les germes de mécontentement qui depuis tant d'années troublaient sans l'abattre le despotisme des Bourbons.

On refusait partout le payement de l'impôt.

Les bandes insurgées de la Sicile et de la Calabre, trop faibles encore pour résister, avaient dû se replier devant les troupes royales; mais elles se répandaient dans les campagnes où la population mécontente leur fournissait un abri et des ressources.

Vers la fin de décembre, l'agitation était devenue générale, et quoiqu'en apparence les désordres n'eussent pas augmenté, on reconnaissait de toutes parts les symptômes précurseurs des grandes commotions politiques.

Les Siciliens comptant sur l'opinion publique, tout entière en leur faveur, se crurent si forts qu'ils espérèrent obtenir quelques réformes, sans insurrection. Une adresse signée par dix mille citoyens fut envoyée au roi. Celui-ci refusa de la recevoir, prétendant que le nombre des signataires ne faisait qu'aggraver leur délit à ses yeux.

En apprenant ce refus, les Palermitains irrités se réunissent à l'ermitage de Sainte-Rosalie. Les chefs populaires prêtent et reçoivent le serment de courir aux armes si le gouvernement persiste.

Ferdinand s'effrayait fort peu de ces démonstrations. Le duc de Serra-Capriola, chef du parti libéral modéré, lui conseillait vainement la prudence. Le roi, suivant les avis de del Carretto, s'apprêtait à faire bonne justice de ces insolents sujets.

Le 9 janvier, le duc de Villarosa, le comte Amari, MM. Dondes, Ferrara, Perez, etc., connus pour leurs opinions avancées, sont arrêtés à Palerme.

Le doute n'était plus permis. Les Siciliens veulent pourtant retarder encore le moment terrible de la lutte. Ils décident que le 12 janvier, jour de la fête du roi, sera l'époque du soulèvement, si d'ici là des réformes sérieuses ne sont pas accordées.

Le 12 au matin, pendant que le canon des forts tirait en signe d'allégresse, la population de Palerme se répand dans les rues en criant : *Vive la réforme! vive Palerme!*

Un détachement de cavalerie veut disperser la foule, quelques hommes sont tués. Les cris de vengeance éclatent ; le peuple se rue sur les cavaliers. Une partie du détachement reste sur le pavé, l'autre bat en retraite.

Une heure après la ville est couverte de barricades. L'attitude de la population devient si menaçante que les soldats quittent la ville et vont se réfugier au pied du Monte-Pellegrino. Le paquebot le *Vésuve* se rend à Naples pour demander des troupes.

Que se passait-il le même jour dans cette ville ?

Malgré les conseils du duc de Serra-Capriola, le roi veut, selon l'usage, se rendre au théâtre. Il est accueilli par un silence glacial ; mais quelques applaudissements maladroits se font entendre, et aussitôt un orage de sifflets éclate de toutes parts.

Ferdinand se retire en fureur ; et au moment où il supputait combien de suspects il allait envoyer aux présides pour venger l'honneur de la couronne, il apprend le succès de l'insurrection sicilienne. Sa rage ne connaît plus de bornes. Il faut le saigner. Dès lors ce n'est plus le droit, la politique, la prudence qui commanderont, c'est la colère et la vengeance.

Le roi assiste le lendemain à l'embarquement de huit mille hommes qui, sous les ordres des généraux Desauget et Nicoletti, vont renforcer l'armée de Sicile. Le comte d'Aquila, frère du roi, en a le commandement en chef.

La petite flotte, composée de neuf frégates, arrive à Palerme le 14 ; mais aussitôt que les troupes sont débarquées, le comte d'Aquila, effrayé de l'irritation qui règne dans la ville, repart pour chercher à Naples des renforts.

Cependant les troupes battues dans le combat du 12 n'avaient ni abri, ni vivres. Le général Viale, gouverneur militaire de Palerme, se voyant soutenu par les nouvelles troupes, prépare une attaque vigoureuse. Il veut à tout prix reprendre la ville.

Il lance sur la porte Macqueda une forte colonne, composée d'infanterie et de cavalerie.

Le peuple était préparé à la résistance. Il ne manquait ni d'argent, ni de vivres, ni de munitions, ni de fusils, lesquels pour la plupart étaient de fabrique anglaise. Il attend avec calme le premier choc, et riposte par des décharges bien nourries. Plusieurs pièces d'artillerie, chargées à mitraille, soutiennent le feu et font d'affreux ravages dans les rangs des troupes royales.

La cavalerie est taillée en pièces; le fils du général Viale, capitaine de ce corps, tombe mortellement blessé. Les colonnes battent en retraite et vont se réfugier dans les forts qui entourent la ville.

Aussitôt le tocsin, la fusillade, le canon retentissent, les forts lancent des boulets contre les attroupements; un terrible bombardement commence. Enfermés dans un cercle de feu, les Palermitains luttent encore. Devant, ils ont l'ennemi; derrière, l'incendie que les bombes allument de toutes parts.

Indignés, les consuls des puissances étrangères rédigent une protestation contre cet acte de froide barbarie. Ayant à leur tête le consul de France, M. Ernest Bresson, ils se rendent, précédés d'un drapeau blanc, auprès du gouverneur. Accueillis d'abord à coups de fusil, ils parviennent enfin près du duc de Majo et obtiennent une suspension d'armes de vingt-quatre heures. C'est durant cet armistice que les étrangers furent embarqués.

Dès le lendemain la lutte recommence.

Pendant cinq jours et cinq nuits la malheureuse Palerme fut bombardée. Le fort Castellamare ne cessait de lancer sur la ville des projectiles incendiaires et meurtriers.

En ces circonstances, les consuls avaient fait afficher partout cette noble protestation :

« Le corps consulaire, qui se rendit dans la journée du 15 auprès de Son Excellence le lieutenant général pour solliciter, en faveur des étrangers, une suspension de bombardement, et qui fut assez heureux pour l'obtenir pendant vingt-quatre heures, frappé de l'*immense unanimité*, de l'exaltation prodigieuse des sentiments de la population palermitaine, croit avoir à remplir un devoir plus sacré encore.

« Les soussignés pensent que, pour faire cesser et prévenir d'incalculables désastres, pour empêcher une de ces grandes catastrophes qui font *tache* et époque dans l'histoire d'un peuple, il faut que les horreurs d'un bombardement soient épargnées, *dans tous les cas*, à une population de deux cent mille âmes, à l'antique et vaste cité de Palerme.

« Si, cependant, ce qu'à Dieu ne plaise, le commandant en chef des forces royales devait en venir à cette extrémité *sauvage* ou déplorable, les soussignés protestent d'avance, et de toutes leurs forces, au nom de leurs gouvernements, contre un acte fait pour *exciter à jamais l'exécration du monde civilisé*.

« Ils protestent déjà avec toute l'énergie possible, et *sous toutes réserves*, contre cette absence totale de formes, d'avertissement, de délai, qui a eu lieu à leur égard, avant qu'au péril de leurs jours ils pussent pénétrer jusqu'à l'autorité supérieure pour arrêter le bombardement commencé, dont plusieurs étrangers ont été victimes dans leurs personnes et dans leurs propriétés.

« Fait à Palerme, le 19 janvier 1848, en l'hôtel consulaire de France, porte Macqueda.

Signé : Le consul de France, ERNEST BRESSON ; le consul de Prusse, WEDEKIND ; le consul de S. M. Britannique, JOHN GOODWIN ; le consul des États-Unis, JOHN MARSCON ; le consul de Hanovre, WEDEKIND ; le consul helvétique, HIRZEL ; le consul de Sardaigne, ANTONIO MUSSO, le consul du Brésil, RUOSCH ; le consul de Russie, GAETANO FIAMINGO. »

On le voit, toutes les nations civilisées sont ici représentées et qualifient plus énergiquement que nous n'aurions osé le faire la conduite de Ferdinand. Une seule signature manque naturellement à cet acte d'humanité, celle de l'Autriche.

Nous avons dit que nous n'avancerions pas un fait sans l'appuyer sur une pièce officielle dont l'autorité fût incontestable. On comprendra cette nécessité quand on saura que ce bombardement si hautement, si publiquement blâmé de toutes les puissances, a été nié par un des historiens de Naples, M. d'Arlincourt, écrivain de bien peu de poids sans doute, mais dont l'ouvrage prôné par le parti légitimiste a eu un grand retentissement. Nous empruntons les lignes suivantes à l'*Italie rouge* :

« Le fort de *Castello a Mare* était commandé par le colonel suisse Gros; le duc de Majo lui ordonna de *simuler un bombardement*. Son plan, *d'une originalité rare*, était d'attaquer sans se battre, et de résister sans se défendre (*compreñne qui pourra*). Il fallait porte ouverte ou fermée, Majo ne ferma ni n'ouvrit. En révolution, rien n'est fatal comme les hésitations et les demi-mesures. Les *inutiles* détonations du fort ne servirent qu'à irriter les esprits; les consuls étrangers protestèrent; et le feu, sottement allumé, se vit honteusement éteint. »

L'ingénieux auteur d'*Ipsiboé* se soutient ainsi pendant trois cents pages.

Revenons à l'histoire.

Les Siciliens avaient conservé leurs positions et fait éprouver des pertes considérables à l'armée ennemie. Dès que le bombardement eut cessé, ils nommèrent un gouvernement provisoire qui eut pour président le duc de Monteleone, dernier descendant de Fernand Cortez; pour membres, l'amiral Ruggiero-Settimo, le comte Abelo et le célèbre avocat Maroco. « L'heure des prières est passée, dit sa première proclamation, souvenons-nous que le peuple de Sicile est un peuple libre, agissons en hommes. » On arbore le drapeau national sur le vapeur *il Giglio delle onde*, et on l'envoie faire le tour de l'île pour appeler aux armes toutes les villes maritimes.

Le comte d'Aquila était arrivé à Naples. Ses rapports confirment les dernières dépêches : Palerme a résisté au bombardement, les campagnards arrivent de tous côtés pour affronter la mitraille, les Abbruzzes se lèvent, partout les troupes royales sont battues.

Ferdinand est terrifié. La peur dompte enfin celui que ni la raison, ni les prières, ni les remontrances n'avaient pu fléchir. Après avoir résisté jusqu'au moment où il n'y avait plus d'honneur à se rendre, Ferdinand parle de céder.

Il assemble son conseil, et rend quatre décrets, que nous ne pouvons reproduire en entier, mais dont voici la substance. Rapprochés des faits cités dans notre introduction, ils montrent éloquemment à quel état de servitude Ferdinand avait réduit ses sujets.

Le premier décret investit la Consulte de Naples et celle de Sicile du droit d'émettre leur avis sur les projets de loi, le budget et la dette. Le second, prononce séparation complète sous le rapport administratif entre le royaume de Naples et la Sicile. Les charges et emplois publics seront occupés à Naples par des Napolitains, en Sicile par des Siciliens. Le troisième soumet la presse à une loi préventive, mais *son existence légale est reconnue*. Jusque-là les règlements frappaient d'interdit toute publication politique. Le quatrième nomme le comte d'Aquila lieutenant général, ou vice-roi de Sicile.

Si Ferdinand eût dicté ces décrets quelques mois plus tôt, ils auraient été accueillis avec des applaudissements par l'Italie tout entière. Mais jusqu'à ce qu'on l'y eût contraint par la force, vainement les envoyés de Rome, du Piémont et de l'Angleterre, le suppliaient, comme aujourd'hui, de prévenir par des réformes opportunes une véritable catastrophe ; vainement la voix du peuple des Deux-Siciles s'élevait vers le trône, sollicitant le redressement des anciens et des nouveaux griefs.

Aussitôt que l'insurrection triomphait, Ferdinand capitulait avec elle, capitulation d'autant plus honteuse qu'elle était proposée avec l'intention bien arrêtée de la violer tôt ou tard.

Ces quatre décrets servent de dénoûment au premier acte de la lutte. Il faut en marquer avec soin les différentes phases, si l'on ne veut se perdre au milieu des insurrections rarement simultanées des deux peuples, au milieu des entêtements, des concessions, des mensonges de Ferdinand.

II.

Les Siciliens savaient déjà la confiance qu'ils devaient avoir dans la générosité de leur souverain. Pas un cri de joie ne salua ces tardifs décrets, arrachés par la crainte.

Le duc de Majo les communiqua officiellement au gouvernement de Palerme. La réponse fut noble et fière :

« Excellence,

« J'ai communiqué au Comité général la lettre que Votre Excellence m'a adressée aujourd'hui même, et je suis chargé de lui répondre que les dispositions dont il est fait mention dans la lettre de Votre Excellence ne peuvent regarder un peuple qui, depuis neuf jours, en proie aux horreurs du bombardement, de la mitraille et de l'incendie, soutient glorieusement ses droits à des institutions nationales, seules capables d'assurer un bonheur durable à cette île. Le Comité, fidèle interprète de la ferme résolution du peuple, ne peut que persister dans les idées déjà transmises à Votre Excellence par mon intermédiaire, à savoir que les armes ne seront déposées, que les hostilités ne seront suspendues, que lorsque la Sicile, réunie à Palerme en parlement, adaptera à notre époque la constitution que notre pays a possédée plusieurs siècles, qui a été réformée en 1812, sous l'influence de la Grande-Bretagne et qui a été confirmée implicitement par le décret royal du 11 octobre 1816.

« Je suis, etc.

Marquis de Spedalotto. »

C'est qu'en Sicile, il ne s'agit plus d'un soulèvement partiel. Argenterie et bijoux ont été fondus; femmes et enfants préparent des cartouches. Les troupes, retranchées derrière les murs épais des forteresses, assistent impuissantes à la chute du despotisme napolitain. Celles qui sont campées sous le Monte-Pellegrino meurent de froid et de faim.

Le gouvernement a été remplacé par une junte divisée en quatre comités :

1° Comité de la défense de la ville, présidé par le prince Pantellaria ; 2° comité des finances, présidé par le marquis de Rudini ; 3° comité des approvisionnements, présidé par le marquis de Spedalotto, préteur de la ville ; 4° comité des affaires d'État, présidé par don Ruggiero-Settimo.

Les décrets de la junte sont exécutés dans l'île entière. Dès le 22, elle a publié un journal intitulé *Le Citoyen*. Ce journal a pour but d'exposer les faits les plus importants de la régénération sicilienne, de faire connaître les actes officiels du nouveau gouvernement, et de traiter les questions politiques qui intéressent la Sicile. On trouve développées en tête du premier numéro les raisons qui ont porté la junte à repousser deux propositions émanées du général Desauget.

Celui-ci demandait : 1° de conclure une suspension d'hostilités ; 2° de faire parvenir des vivres aux prisonniers criminels enfermés sous la garde des troupes ; 3° d'envoyer une députation de la junte à Naples, pour exposer au roi les prétentions du peuple.

La seconde proposition seule fut accordée. Le peuple reprit les armes.

Le couvent de Novezziato, le palais royal, la banque, sont successivement emportés. Le duc de Majo se réfugie au camp du général Desauget. Palerme reprend alors un peu de calme, les boutiques se rouvrent dans toutes les rues.

L'insurrection semble terminée en Sicile ; elle va commencer dans la Péninsule.

La Calabre et la Basilicate sont en feu ; les paysans ont rompu les ponts, brisé les lignes télégraphiques et coupé toute communication avec la capitale.

A Naples, les chefs du parti libéral modéré, instruits de la victorieuse résistance de Palerme, ont ouvert des pourparlers avec les chefs du mouvement. Ils sont convenus d'attendre le résultat des pétitions qui se signent de tous côtés pour obtenir une constitution.

Mais le 26, trente mille personnes se précipitent dans la vaste rue de Tolède, aux cris de *Vive le roi ! Vive la constitution !*

Quelques cavaliers chargent et sont culbutés ; les fenêtres se garnissent de dames qui encouragent la résistance, la garde nationale se mêle au peuple ; et il se manifeste un de ces mouvements d'union et de fraternité devant lesquels tous les despotismes sont impuissants.

L'autorité militaire exécute les ordres donnés pour les cas d'émeute. Le fort Saint-Elme arbore le drapeau rouge et tire trois coups de canon. Le fort de l'Œuf lui répond ; les troupes sortent de leurs casernes, entourent le palais et cherchent à pénétrer dans la rue de Tolède. Les masses se tenaient serrées, impénétrables. Il fallait opter entre la proclamation de la constitution, ou une de ces luttes horribles dans lesquelles après avoir sacrifié leurs sentiments au devoir militaire, les soldats finissent par se ranger du côté du peuple.

Inquiet, désorienté, le roi ne sait à quoi se résoudre. Le marquis de Pietracatella cherche vainement à lui faire comprendre que s'il veut garder sa couronne, il faut se décider aux plus larges concessions.

Ferdinand, à la fois timide et entêté, croit dans des moments de sombres terreurs voir se lever devant lui les victimes sanglantes de Palerme. Il ne veut plus séjourner dans son palais, autour duquel il entend s'agiter un peuple impatient de venger tant de martyrs.

Alors toute idée de résistance l'abandonne, il se rend sur une frégate qui se tient dans le port prête à déployer sa voilure. Puis il revient, se montre de nouveau sourd à toutes les prières ; et quand on lui dit que cette résistance obstinée le mène à sa perte, il répond avec un dépit arrogant : « Hé bien ! nous jouerons la partie, et si je la perds, je la perdrai ; mais au pis aller, j'aimerai toujours mieux le grade de colonel dans un régiment russe que le vain titre de roi dans un État constitutionnel [1]. » Insolente bravade bien éloignée de sa pensée.

Mais le flot populaire monte toujours. Ferdinand tremblant a encore recours à une demi-mesure qui ne pouvait longtemps arrêter l'envahissement.

Il jette deux misérables en pâture à l'insurrection. Il renvoie son confesseur, ce Cocle qui lui transmettait si fidèlement les volontés de Dieu pour le massacre, et son ministre de la police, ce del Carretto dont la main arrêtait et frappait si vite les fauteurs impies de la rébellion.

Monsignor Cocle fut exilé dans ses terres. Quant à del Carretto, son odyssée vaut la peine d'être racontée. Elle clora dignement d'ailleurs cette seconde phase de la lutte.

Vers trois heures il se rendit au palais pour assister au conseil. Mais à peine fut-il descendu de voiture que le général Filangieri, son adversaire le plus détesté, et le major Nunziante lui signifièrent l'ordre de quitter Naples à l'instant. Del

---

[1] Journées illustrées de la révolution de 1848.

Carretto éleva la voix et déclara qu'il ne partirait pas sans avoir parlé au roi. Comprenant bientôt qu'il n'obtiendrait rien ainsi, il demanda à voir sa famille. Prières et protestations furent inutiles. Conduit jusqu'à l'arsenal par un escalier dérobé du palais, il monte sur le *Nettuno* qui était en mer et prend aussitôt le large.

Le *Nettuno*, parti à la hâte et sans combustible, entrait le 29 à Livourne pour y faire du charbon. A la vue du pavillon napolitain, le peuple s'assemble en tumulte; il croit que Ferdinand est à bord, et ne veut permettre aucun approvisionnement. Le *Nettuno* doit s'éloigner à voiles.

Il arrive ainsi en vue de Gênes le 31. La population s'était portée en foule sur le môle. Del Carretto, ayant eu l'imprudence de débarquer en plein jour, est reconnu. Poursuivi par les sifflets et les huées, l'ex-ministre est forcé de se rembarquer. Il avait manifesté l'intention de se rendre à Turin; le consul de Naples lui fit comprendre le danger de cette résolution, et engagea le commandant du *Nettuno* à quitter le port dès qu'il aurait fait sa provision de charbon.

Il était temps; le peuple exaspéré se disposait déjà à couper les câbles qui retenaient le bâtiment; et del Carretto put voir par un sabord la multitude ne se calmer que par la présence du consul de Naples, qui, du haut de son balcon, criait comme elle : *Vive le peuple de Sicile !*

Le *Nettuno* arriva enfin à Marseille. L'autorité avait cru devoir prendre des mesures de prudence. On fit arborer sur le bâtiment le pavillon jaune, signe de la quarantaine. Del Carretto, escorté de deux commissaires de police, descendit dans une embarcation, dirigée par six rameurs et protégée par deux autres bateaux remplis d'agents de police [1].

Del Carretto, errant de ville en ville, finit par trouver un refuge à Montpellier, où il resta jusqu'en 1850. Il put à cette époque regagner sa patrie. Mais « il n'est revenu qu'à la surface de la cour du roi Ferdinand II. Il ne s'y soutient qu'à grand'-

---

[1] Pour plus de détails, voir l'intéressante notice que M. H. Castille, dans ses *Portraits politiques*, vient de consacrer à del Carretto.

peine, à l'extrême dernier rang des courtisans, bien près de l'antichambre et de la livrée. »

III

Le départ de ces deux hommes, sacrifice fort pénible sans doute pour le roi, n'avait produit aucun effet sur les masses. La journée du 27 se leva menaçante.

Le désordre commença dès le matin.

Les ministres effrayés se rendent au palais. Pietracatella, président du conseil, retrace au roi la sombre agitation de Naples, et le supplie de souscrire au vœu général en octroyant une constitution.

Ferdinand l'écoutait d'un air agité. Il répond qu'il ne craint nullement la ville, que d'ailleurs les choses ne vont pas mieux dans les provinces. Il tire de sa poche une liasse de rapports et les jette sur la table : les provinces sont en feu ; à Salerne, les insurgés, conduits par Caducci, ont battu les troupes royales et vont marcher sur Naples; à Palerme, le général Viale s'est embarqué, laissant le duc de Majo et le général Desauget poursuivre une lutte désormais sans espoir.

Atterrés, les ministres conjurent le roi d'accorder la constitution s'il veut sauver sa couronne.

Arrive un aide de camp du général Statella. Il raconte que deux cents lazzaroni, ayant tenté un coup de main, ont été *repoussés* par la garde nationale. Elle s'est contentée de leur jeter quelques pièces de monnaie ; les lazzaroni ont pris aussitôt la fuite en emportant l'argent.

Ferdinand garde un sombre silence. L'aide de camp ajoute que ce n'est pas seulement le peuple et la bourgeoisie qui se soulèvent ; que l'aristocratie et les dames des plus anciennes familles crient du haut de leurs balcons : *Vive la constitution!*

A cette nouvelle, Ferdinand devient furieux ; il chasse l'aide de camp et mande le général. Puis il se lève brusquement, parcourt à grands pas les salles du palais, et rentre plus irrité encore.

On lui remet alors un billet du général Roberti à qui il a envoyé l'ordre de mitrailler Naples : « Sire, écrit le noble soldat, je ne me sens pas le cœur de bombarder une ville florissante depuis tant de siècles, sur laquelle ont régné vos ancêtres, ni de donner la mort à une population inoffensive. Dans cette cruelle alternative, je préfère envoyer ma démission à Votre Majesté. »

Le roi achevait cette lecture quand le général Statella se présente. Sicilien d'origine, il refuse aussi de commander le feu contre le peuple.

Ferdinand se voit abandonné par tous ; sa furie ne connaît plus de bornes. L'œil étincelant, le poing serré, il jette ses ministres à la porte, en leur criant : « Vous êtes tous des traîtres, je vous destitue tous! »

Quelques heures après, il cédait... faute de soldats. Il ne peut pourtant encore se décider à accorder une constitution ; persévérant dans sa conduite insensée, il se contente de nommer des ministres moins impopulaires que les derniers. Cette concession montra une fois de plus l'incapacité politique du roi ; ce fut, on va le voir, son seul résultat.

Le 28 au matin, vers dix heures, une foule considérable était réunie au café d'Italie. Un jeune homme monte sur une table et harangue le peuple au nom de la liberté. Le peuple répond par des vivat enthousiastes qui font rapidement le tour de la ville.

Une collision est imminente. Mais le bruit se répand que les nouvelles de Sicile sont désastreuses, que Ferdinand terrifié va céder, et qu'un décret organique portant les bases d'une constitution sera publié le lendemain.

En effet, le 29, à huit heures, la proclamation suivante est affichée sur tous les murs :

« Ferdinand II, roi des Deux-Siciles et de Jérusalem, duc de Parme et de Plaisance, grand prince héréditaire de Toscane, etc., etc.

« Ayant entendu le vœu général de nos bien-aimés sujets pour avoir des garanties et des institutions conformes à la civilisation actuelle, nous déclarons que notre volonté est de condescendre aux désirs qui nous ont été manifestés, en donnant une constitution, et pour cela nous avons chargé notre nouveau ministre d'État de présenter à notre approbation, dans un délai qui ne devra pas excéder dix jours, un projet sur les bases suivantes :

« Le pouvoir législatif sera exercé par nous et par deux chambres, à savoir : une Chambre des pairs et une Chambre des députés. Les membres de la première seront nommés par nous ; les députés seront nommés par des électeurs sur les bases d'un cens qui sera fixé. L'unique religion dominante de l'État sera la religion catholique, apostolique et romaine, et aucun autre culte ne sera toléré. La personne du roi sera toujours sacrée, inviolable et non sujette à responsabilité. Les ministres seront toujours responsables de tous les actes du gouvernement. Les forces de terre et de mer seront toujours dépendantes du roi. La garde nationale sera organisée dans tout le royaume sur un mode uniforme et analogue à celui de la garde nationale de la capitale. La presse sera libre et sujette seulement à une loi répressive pour tout ce qui peut offenser la religion, la morale, l'ordre public, le roi, la famille royale, les souverains étrangers et leurs familles, ainsi que l'honneur et les intérêts des particuliers.

« En notifiant ici au public notre souveraine et libre résolution, nous nous confions dans la loyauté et le bon esprit de nos peuples pour le maintien de l'ordre et du respect dû aux lois et aux autorités constituées.

« *Signé* : FERDINAND.

« *Contre-signé* : le ministre secrétaire d'État, président du conseil des ministres,

« Duc de SERRA-CAPRIOLA. »

Un nouveau ministère est formé. Il se compose d'hommes appartenant pour la plupart à la nuance la plus effacée du parti libéral. Le duc de Serra-Capriola, ex-ambassadeur à Paris, homme de mœurs douces et d'intentions bienveillantes, que nous avons vu blâmer hautement les massacres de Sicile ; M. Cianciulli, disgracié depuis 1821 ; M. Bonami et le prince Dentice.

Nous trouverons en Sicile les causes de ces larges concessions.

IV

Après neuf heures de combat les Palermitains s'étaient emparés du fort de Montréal. Une lutte sanglante leur livrait bientôt après le fort Castellamare; et la junte donnait aux troupes l'ordre d'évacuer l'île. Toute résistance était devenue impossible. Ferdinand dut envoyer trois vapeurs, remorquant trois frégates à voiles pour ramener la division expéditionnaire.

Avant d'ordonner le mouvement de retraite, le général Desauget demanda à la junte une autorisation afin que l'embarquement des troupes pût se faire dans le port de Palerme. On y mit une seule condition; il fallait que les soldats déposassent leurs armes. Le général recula devant cette humiliation, il encloua ses canons et se dirigea vers Salerni. Décision honorable, mais qui devait lui coûter cher.

Ce fut une véritable déroute. Deux jours et deux nuits de luttes incessantes avec les Siciliens qui poursuivaient et harcelaient sans relâche ces troupes exténuées. Le général Desauget faillit y perdre la vie. Séparé des siens et entouré d'ennemis, il est blessé à l'épaule et renversé de cheval. On parvient difficilement à le dégager; la lutte fut sanglante, et quand le jour parut on s'aperçut que les premières colonnes s'étaient trompées de route; elles retournaient vers Palerme. On trouva, non sans peine, un homme du pays qui voulut bien servir de guide.

Les troupes arrivèrent enfin à Salerni, mais aussi épuisées qu'elles auraient pu l'être après une longue campagne. La cavalerie surtout avait été cruellement éprouvée; il ne restait plus que trois cents hommes de tous ces beaux escadrons dont le roi était si fier. Les paysans s'acharnaient contre eux avec une telle rage, qu'il fallut se battre encore pendant l'embarquement, malgré la protection d'un vapeur de guerre qui tirait contre les assaillants.

Une scène touchante eut alors lieu. Faute de place sur les navires, ordre fut donné de tuer tous les chevaux. Quelques soldats obéirent; mais d'autres ne purent se résoudre à consommer ce sacrifice. On les voyait embrasser en pleurant, au moment de la séparation, ces compagnons de leurs fatigues et de leurs dangers; les pauvres bêtes, mises en liberté, se répandirent dans les campagnes.

Palerme était donc victorieuse. Trapani, Syracuse et Milazzo avaient, comme elle, chassé les troupes royales. Messine seule doit lutter encore ; lutte affreuse.

Le général Nunziante s'était réfugié dans la citadelle. Le 29, ignorant les événements accomplis à Naples, il fit une sortie pour reprendre la ville. Un combat désespéré s'engage ; les troupes sont battues et contraintes de rentrer dans la place d'armes.

Aussitôt les cinq forts qui enveloppent Messine commencent un bombardement qui, sans interruption, continue jusqu'à la nuit close. Le consul de France, M. de Maricourt, cherche vainement alors à parvenir jusqu'au général en chef.

Mais, dès le lendemain, il rassemble le corps consulaire, les commandants des vaisseaux anglais et américains qui se trouvaient dans le port, et se rend avec eux auprès de Nunziante. Il lui reproche, en termes énergiques, son odieuse conduite. Le général a recours au mensonge, il proteste de son innocence, se montre indigné qu'on ose le supposer capable d'un pareil crime, et prétend que c'est un de ses subordonnés, le général Busacca, qui a donné l'ordre de faire feu sur la ville. Il offre de l'envoyer à Naples pour être jugé par un conseil de guerre. Excuse insolente ! Pendant ce bombardement de vingt-quatre heures, Nunziante n'avait absolument rien entendu !

V

Dès que l'ambassadeur d'Autriche connut officiellement la promesse faite par le roi d'accorder une constitution, il protesta et amena son pavillon.

Ce fait étrange demande une explication.

Il était fondé sur un article secret du traité de Vienne, ainsi conçu :

« Comme les engagements que contractent LL. MM. par le présent traité pour assurer la paix intérieure en Italie, leur font un devoir de préserver leurs États et leur sujets respectifs de nouveaux malheurs et d'imprudentes innovations qui amèneraient le retour de ces malheurs, il est entendu entre les hautes parties contractantes que

S. M. le roi des Deux-Siciles, en reprenant le gouvernement de ce royaume, n'y introduira aucun changement qui ne puisse se concilier avec les anciennes institutions monarchiques et avec les principes adoptés par S. M. dans le gouvernement intérieur des provinces italiennes. »

Cet ingénieux article donnait à l'Autriche un pied en Italie. C'était beaucoup déjà. Mais un prince intelligent eût pu s'entendre avec son peuple, lui accorder de sages libertés, et en cas d'intervention étrangère, se mettre résolûment à sa tête pour défendre l'indépendance napolitaine.

L'Autriche le sentit et n'épargna ni peines, ni intrigues pour replacer à Naples la maison de Bourbon, à qui elle savait pouvoir se fier.

Ferdinand Ier répondit à ces belles espérances. Vaincu en 1820, il accorde une constitution. Mais aussitôt il prévient l'Autriche qui exhibe son petit article, et vient châtier les Napolitains. Cela marchait tout seul.

François montra les mêmes déférences pour le cabinet autrichien.

Ferdinand II, à son tour, avait très-sagement commencé; Metternich était ravi. Il gronda bien un peu quand la nouvelle des dernières insurrections lui parvint; mais Ferdinand racheta si bien sa faute par le bombardement de Palerme, qu'on ne put lui en vouloir beaucoup. On le savait peu intelligent, mais fort entêté; son langage, ses résolutions hautement annoncées de ne jamais céder rassuraient le cabinet de Vienne.

Tout à coup l'ambassadeur apprend qu'une constitution libérale est promise. La chose était si peu probable qu'il n'avait pas d'instructions à cet égard; mais il se rappela le bienheureux petit article, et voulut au moins faire ses réserves. L'Autriche était alors trop occupée dans la haute Italie pour rien tenter au sud, mais s'il advenait des temps meilleurs, on trouvait là un *casus belli* tout préparé.

Cet événement préoccupa donc fort peu les Napolitains qui attendaient avec calme la proclamation de la constitution. Elle avait été promise pour le 10, et ils savaient qu'on y travaillait jour et nuit.

Ferdinand, d'ailleurs, n'avait pas même l'intelligence de sa position. Dans les diverses apparitions qu'il fit en public, il était triste, sombre, défait. Au théâtre San Carlo, on criait : *Vive le roi constitutionnel !* il gardait le silence. Son grand-père se soumettait de meilleure grâce au rôle imposé de roi constitutionnel. Ferdinand avait déjà l'air de conspirer contre cette pauvre constitution, avant même qu'elle fût promulguée.

Il publia cependant une amnistie pleine et entière pour tous les délits politiques. Le général Gazzia fut nommé au ministère de la guerre, et M. Ciardalli à la police. Deux nominations qui produisirent un bon effet.

Le 7, la constitution fut soumise à l'examen du roi, et le 11 elle fut promulguée. Elle était calquée en grande partie sur la charte française de 1830. Nous nous bornerons donc à faire connaître les dispositions qui s'en écartaient.

Le roi Frédéric déclarait à son avénement, il y a plus de cinq cents ans, qu'il recevait la dignité royale du *libre consentement et de la généreuse élection des Siciliens*. Le Bourbon de 1848 ne croit point pouvoir passer de contrat avec la nation. Le peuple qu'il gouverne n'est pour rien dans le droit qu'il a de le gouverner; il tient ce droit de Dieu seul; c'est dans les mains de Dieu qu'il dépose l'engagement d'être fidèle à la constitution [1].

Notre charte reconnaît à chacun le droit de professer sa religion. Dans la constitution napolitaine [2], la religion catholique est exclusive, aucun autre culte n'est toléré. Naples est située trop près de Rome pour qu'on s'étonne de lui voir ignorer le plus noble précepte du christianisme, la tolérance.

---

[1] Il ne sera pas inutile de reproduire ici l'invocation placée en tête de ce curieux document qui, deux mois après, était annulé : « Au nom du Dieu puissant et de la Sainte Trinité, du Dieu à qui seul est donné à lire dans le plus profond des cœurs, et que nous invoquons comme juge de la pureté de nos intentions et de la franchise, de la loyauté avec laquelle nous sommes résolu d'entrer dans cette nouvelle voie politique... Nous avons résolu de proclamer, et nous proclamons irrévocablement la constitution suivante, sanctionnée par nous. »

[2] Article 3.

La cour des pairs juge tous les crimes de haute trahison [1].

Les juges ne sont inamovibles qu'après trois ans d'exercice [2], ce qui annule en fait le principe de l'inamovibilité.

Les écrits traitant de matières religieuses sont soumis à la censure [3].

Il n'est pas fait mention du jury.

Cette constitution fut reçue par les Napolitains avec un véritable enthousiasme. L'ordre, le calme, revinrent enfin rassurer la ville, et le commerce reprit aussitôt ses transactions interrompues depuis un mois. Les citoyens se voyaient vainqueurs dans la lutte légitime qu'ils avaient entreprise; ils aspiraient au repos. La révolution semblait terminée; et elle aurait dû l'être. Mais Ferdinand qui, comme nous venons de le voir, croyait tenir de Dieu un pouvoir despotique, rougissait du titre de roi constitutionnel. Il se voyait vaincu, et aspirait au moment où il pourrait reprendre son ancienne autorité, dût-il pour cela recommencer à son profit la révolution.

VI

La Sicile continuait son œuvre de régénération. Le commandant du *Palinure* avait apporté le récit des évènements accomplis à Naples. Défiants, parce qu'ils avaient été souvent trompés; fiers, parce qu'ils comprenaient l'importance de leur révolution, les Siciliens accueillirent froidement les nouvelles promesses du roi.

La réponse de Ruggiero-Settimo, au nom du comité général, était l'expression des sentiments de toute la Sicile. Cette pièce est importante, car au milieu même des périls dans lesquels le gouvernement se vit un peu plus tard engagé, il soutint toujours les principes exposés dans cet ultimatum.

[1] Article 48.
[2] Article 85.
[3] Article 30.

« Palerme, 3 février.

« Monsieur le commandant,

« Le comité général a lu le décret du 29 janvier, qui promet une constitution au royaume des Deux-Siciles. Nous avons déclaré que la Sicile, représentée sous un parlement général à Palerme, devra adapter aux temps actuels la constitution que cette île possède depuis tant de siècles, qui fut réformée en 1812, sous l'influence de la Grande-Bretagne, et qui fut confirmée par le décret du 11 décembre 1816, postérieurement aux actes du congrès de Vienne. Toutes les villes de la Sicile ont déjà fait connaître leur adhésion à ce vœu si solennellement exprimé par le peuple de Palerme les armes à la main. Plusieurs villes de cette île ont consacré également par les armes ce vœu universel. Nous ne pouvons donc que répéter ce que nous avons tant de fois déclaré, savoir : Que la Sicile ne déposera les armes et ne suspendra les hostilités que lorsqu'un parlement général, assemblé à Palerme, aura adapté aux temps actuels la constitution qu'elle n'a jamais cessé de posséder. Nous pouvons seulement ajouter que notre vœu incessant est de nous rattacher au royaume de Naples par des liens particuliers, qui doivent être sanctionnés par le parlement de Sicile, et de former ensemble deux anneaux de la belle fédération italienne.

« Le président du comité général,
« RUGGIERO-SETTIMO. »

L'Angleterre semblait alors disposée à appuyer ces prétentions. Une frégate anglaise venait de débarquer à Palerme dix mille fusils et huit canons. Lord Minto soutenait énergiquement près du roi les intérêts siciliens.

Le rôle qu'a joué en Italie lord Minto, espèce d'ambassadeur ambulant de la Grande-Bretagne, est, encore aujourd'hui, fort difficile à définir.

Les discussions qui eurent lieu en juillet 1848 et en 1850 dans les chambres anglaises nous le représentent, malgré les efforts oratoires de lord Palmerston, comme un brouillon chargé de remuer toute l'Italie au profit de la Grande-Bretagne.

Il réussit fort mal d'ailleurs. La politique envahissante de l'Angleterre est aujourd'hui trop connue pour qu'aucun gouvernement s'y laisse prendre.

L'Angleterre, dit lord Palmerston, fut invitée à envoyer à

Rome un ambassadeur dont les conseils viendraient en aide au saint-siége, dans les circonstances difficiles où il se trouvait.

Il est fort invraisemblable que le pape voulant des conseils aille précisément les demander au pays le moins catholique de l'Europe. La législation anglaise s'oppose même à ce qu'un ambassadeur britannique soit accrédité auprès du pape. Mais celui-ci tenait tellement aux conseils de la Grande-Bretagne qu'il consentit à recevoir, sans titre officiel, une personne investie de la confiance du gouvernement anglais.

Le choix tomba sur lord Minto qui voyageait en Italie pour affaires particulières.

Ses avis conduisirent le pape à Gaëte.

Il ne fut pas plus heureux auprès de Ferdinand. Ses voyages continuels de Naples en Sicile n'eurent d'autre résultat que de séparer complétement les deux États. Nous verrons plus loin si ce résultat ne doit pas, au point de vue anglais, être regardé plutôt comme un succès que comme un échec.

Pendant que les événemens se succédaient à Naples, le gouvernement de Palerme ne restait pas inactif. On s'occupait des élections. La loi électorale, assise sur des bases fort larges, déclarait tout Sicilien électeur; pour être éligible, il suffisait de posséder un revenu de 18 onces (160 francs environ).

Les élections se firent avec le plus grand ordre; et le parlement s'assembla le 25 mars.

A onze heures du matin, le sénat, les membres de la cour suprême de justice, les hauts fonctionnaires et le clergé se rendirent à l'église Saint-Dominique, où étaient déjà réunis les pairs, les députés et les membres du corps consulaire. La séance s'ouvrit au bruit des cloches et des détonations de l'artillerie.

A l'issue de la messe, le gouvernement déposa tous ses pouvoirs entre les mains du parlement, après avoir rappelé en quelques mots les difficultés qu'il avait rencontrées depuis le commencement de la lutte, les obstacles qu'il lui avait fallu vaincre, les travaux qu'il avait accomplis. « Qu'on fasse le dénombrement des hommes en état de porter les armes; qu'on y ajoute les enfants, les femmes, les vieillards; qu'on mesure si c'est possible, l'élan d'un courage sûr de lui-même; qu'on recherche et dans l'antiquité et dans l'époque actuelle les titres de gloire de la Sicile, on saura quelles sont ses ressources si elle est contrainte à défendre ses droits par les armes. Le parlement le sait, puisqu'il est composé de Siciliens. Les forces prêtes à entrer en ligne sont : la garde nationale, la garde municipale, les bandes armées, la troupe de ligne et la marine de guerre. Nous avons, à Palerme, douze bataillons de garde nationale, armés pour la plupart de fusils, qui commencent à s'exercer et qui seront bientôt complétement équipés. La garde nationale s'organise aussi dans le reste de l'île. On a commencé la levée de plus de quatorze bataillons de troupes de lignes, de deux escadrons de cavalerie, de deux batteries d'artillerie et de quelques compagnies de tirailleurs choisis dans les bandes soldées. Les hommes sont presque tous enrôlés, les chevaux rassemblés, les frais d'habillement et de casernement ont été fournis. Nous avons confié l'organisation de l'armée à un officier des plus expérimentés venu d'Italie dès les premiers jours de la révolution, et qui s'est immédiatement rendu à Messine, pour y diriger les opérations militaires. L'état-major de l'armée est formé, les officiers de tout grade sont nommés, jusqu'aux chefs de bataillon. On a pourvu au personnel des hôpitaux militaires, organisé l'administration de la guerre et celle de la marine. Quant au matériel, outre le parti qu'on peut tirer de l'artillerie et des autres objets abandonnés par l'armée, on a ouvert deux fonderies, l'une de bronze pour les canons, l'autre de fer pour les projectiles. Les fabriques de poudre et l'arsenal travaillent avec la plus grande activité. Le siége du fort de Messine a duré assez longtemps pour ouvrir chez les nôtres une école d'application d'artillerie.

« Les finances de l'État se sont trouvées dans une situation critique. Sans parler des premiers jours de la révolution, pendant lesquels le palais de la Banque se trouvait occupé par es troupes royales, il a fallu pourvoir aux frais de la guerre et à l'alimentation des classes indigentes, au moyen de contributions volontaires. D'autre part, certaines rentrées ont cessé en tout ou en partie : telles que le droit de mouture, suspendu dans certaines communes, diminué dans quelques autres. D'autres, telles que les contributions foncières, ne purent se prélever avec beaucoup d'activité dans les circonstances présentes. Une autre espèce, enfin, les douanes rendent fort peu. On a moins perdu sur les revenus moins importants, tels que, par exemple, la loterie qu'il a fallu à regret conserver provisoirement pour ne pas ôter le pain à une multitude d'employés. Quant aux dépenses, le comité a payé le terme de la dette jusqu'au mois de décembre 1847 : il a continué à payer exactement la solde des employés et fourni aux lourdes dépenses de la guerre et de la marine.

« Avant de se séparer, le comité exerce la dernière attribution du pouvoir exécutif reconnu par la constitution de 1812. Le comité ne tenant aucun compte de la protestation de Ferdinand II, datée de Naples, le 22 de ce mois, déclare ouvert légalement à Palerme, aujourd'hui 25 mars 1848, le parlement général de Sicile.

« Que Dieu bénisse et inspire les votes du parlement; qu'il jette un regard favorable sur la terre de Sicile et la rattache libre, unie et indépendante aux grandes destinées de la nation italienne! »

Le parlement commença aussitôt ses travaux. Par un décret du lendemain, le pouvoir exécutif fut confié à un *président du gouvernement de Sicile*, tenu à l'exercer par l'organe de six ministres élus et remplacés par lui.

Ruggiero-Settimo fut nommé président à l'unanimité. Le ministère se composa ainsi : Affaires étrangères, don Muriano Stabile; guerre et marine, le baron Riso ; justice, le baron de Lumia; intérieur, M. Calvi ; finances, marquis Corda; instruction publique, prince de Scordia.

VII.

Après avoir accordé la constitution, Ferdinand, n'entendant plus gronder l'émeute autour de son palais, regrettait amèrement ses concessions et travaillait à les annuler.

Cherchant partout des auxiliaires, il fit faire des propositions aux lazzaroni, vile canaille dévouée au plus offrant et dont il ne devait pas tarder à faire sa garde prétorienne.

Avec leur secours, et sous prétexte d'empêcher le pillage du couvent du mont Carmel, auquel personne ne songeait, une contre-révolution fut tentée le 14, mais la garde nationale fit bravement son devoir; les lazzaroni durent rentrer dans leurs tanières.

Le roi comprit qu'il n'était pas encore assez fort pour lutter : il se soumit à toutes les demandes de la nation, comptant bien briser plus tard d'un seul coup promesses, serments et nation.

Le ministère Serra-Capriola, tombé sous le poids de son impopularité, fut remplacé par un nouveau cabinet ainsi composé : Président du conseil, M. de Troia; instruction publique, M. Paolo Imbriani; affaires étrangères, M. Dragonetti; justice et intérieur, M. Vignali; finances, agriculture et commerce, M. Ferretti; travaux publics, M. Uberti; guerre et marine, M. Raffeale Giudice.

On répandit habilement le bruit que les nouveaux ministres avaient exigé du roi, comme condition de leur entrée aux affaires, la promesse de sanctionner quatre décrets portant: modification de la loi électorale; faculté à la chambre des députés de désigner quatre-vingts candidats, parmi lesquels le roi choisirait les pairs; faculté aux chambres de réformer la constitution en lui donnant de plus larges bases; envoi de troupes en Lombardie.

Ce dernier point était surtout regardé comme essentiel. On comprend que, malgré son parti pris de céder en tout, Ferdinand hésitât à envoyer des troupes contre l'Autriche, sa protectrice si dévouée. Mais il était impossible de résister plus longtemps. Le 25 mars un attroupement s'était formé devant l'hôtel du prince de Schwarzemberg; les armoiries autrichiennes qui surmontaient la porte d'entrée avaient été traînées dans la boue et brûlées aux applaudissements de la garde nationale.

Il était, d'un autre côté, fort naturel que les Napolitains

voulussent prendre part à une lutte où l'indépendance de l'Italie était en jeu. Le roi comprit qu'il fallait céder. Le général Pepe consentit à prendre le commandement de trente mille hommes qui, longeant l'Adriatique, se porteraient sur le théâtre de la guerre.

Les préparatifs de départ furent très-longs; Ferdinand répondit aux murmures en déclarant qu'il allait lui-même se mettre à la tête des troupes et rejoindre Charles-Albert en Lombardie. C'était plus qu'invraisemblable, on ne le crut pas. En revanche, pendant que, pour gagner du temps, il prononçait l'expulsion des jésuites, expulsion demandée par la ville entière [1], il caressait les Suisses, flattait de toutes manières les lazzaroni, préparait enfin la lutte terrible qui devait anéantir la liberté napolitaine.

VIII

En Sicile, le duc de Serra di Falco avait été élu président de la chambre des pairs. La chambre des députés avait choisi MM. Torrearsa et Fardella.

Il restait à prendre une position nette et définitive vis-à-vis du roi de Naples. Les chambres tombèrent aussitôt d'accord, et le parlement rendit un décret, depuis longtemps déjà dans le cœur de tout Sicilien; il déclara que Ferdinand de Bourbon était à jamais déchu du trône de Sicile [2]; que le gouvernement

[1] Un mois après, ils étaient également chassés de Rome et de Palerme.

[2] Article 1er. Ferdinand de Bourbon et sa dynastie sont pour toujours déchus du trône de Sicile.
Article 2. La Sicile aura un gouvernement constitutionnel et appellera au trône un prince italien aussitôt qu'elle aura réformé la constitution.
Fait et délibéré à Palerme, le 13 avril 1848.
Le président des communes,   Le président de la chambre des pairs,
  marquis de TORREARSA.   duc de SERRA-DI-FALCO.
Le président du royaume,
RUGGIERO-SETTIMO.
« L'opinion publique, dit un des orateurs, a déjà prononcé sur la

était constitutionnel et que la Sicile, après avoir réformé sa constitution, appellerait au trône un prince italien.

Le décret de déchéance de Ferdinand fut accueilli partout avec enthousiasme. Les statues des Bourbons, depuis Philippe V, furent abattues; celle de Charles III seule exceptée, *parce qu'il avait été juste et bienfaisant.*

Ferdinand protesta pour la forme contre cette déclaration du parlement. Ses mesures étaient prises enfin. Un sanglant spectacle nous attend à Naples.

famille de Bourbon; il ne nous reste donc plus qu'à promulguer le décret. Les infâmes traités de 1815 sont partout foulés aux pieds de la révolution victorieuse. Les deux petits duchés de Parme et de Modène ont chassé leurs oppresseurs; les armes piémontaises soutiennent à Milan la glorieuse insurrection lombarde, et combattent pour extirper du nord de l'Italie les hordes barbares qui le profanent.

« J'ai entendu prononcer le mot de déchéance, j'y applaudis de toute mon âme, non pas seulement à la déchéance du roi, mais à la déchéance de toute la dynastie. Non, elle ne peut plus régner sur cette terre qu'elle a ensanglantée et ruinée par ses fureurs. La dynastie de Bourbon ne peut plus relever son trône sur les tombeaux de ses martyrs. »

La motion de déchéance fut reçue à la chambre des pairs avec le même élan. Le baron T. Stephano, chargé de faire connaître aux députés la décision de la chambre haute, s'exprima ainsi, au milieu des applaudissements du public : « M. le président, la chambre des pairs n'a pas voté, elle a acclamé le décret de la chambre des communes qui déclare la déchéance de Ferdinand II. »

Paris. — Imprimerie de A. BOURDIER et Cie, rue Mazarine, 30.
Successeurs de G. Gratiot.

La deuxième et dernière Série paraîtra dans le courant de la semaine prochaine.

REVUE ANECDOTIQUE

Paraissant le 5 et le 20 de chaque mois en une livraison de 24 pages, avec une couverture imprimée.

Abonnement d'un An.

CINQ FRANCS pour Paris et les Départements.

La REVUE ANECDOTIQUE forme chaque année deux volumes in-18 de 300 pages chacun, avec table des matières. Deux volumes sont déjà en vente.

On s'abonne à la Librairie, 11, rue de Seine.

Paris. — Imprimerie de BOURDIER et Cie, rue Mazarine, 30.

www.ingramcontent.com/pod-product-compliance
Lightning Source LLC
Chambersburg PA
CBHW060705050426
42451CB00010B/1282